JN418942

산하 덕진 악보집

고운소리 맑은세상

언제나 맑고기쁨

2024 덕진

발간사

생각이 멈춰 진 고요함 속, 깊은 선정 삼매의 기쁨도 있고 눈, 귀, 코, 입, 피부 등 오감을 통해 느끼는 즐거움이 있습니다.

소리를 듣는 즐거움인 기악과 성악은 마음을 격동시키기도 하고, 잔잔하고 정적인 음악은 마음을 고요하고 편안하게도 합니다. 음악이 때로는 어떤 말보다 어떤 글보다 더 큰 감동과 위안과 기쁨을 줍니다.

불교는 부처님 당시부터 음악이 있었습니다. 부처님께서 법을 설하시고 게송으로 다시 정리해 주셨는데 일정한 운율에 실어 암기하기 쉽도록 했습니다. 동아시아 불교 전통에서도 각국은 고유한 선율의 염불이 불교문화로 형성되어 면면히 전통을 이어 옵니다.

절에서 나오는 절제된 말을 시(詩)라 합니다. 절에는 말 이전의 시가 있습니다. 누구나 한 번쯤 절 도량에서 울려 퍼지는 대중스님들의 예불 소리가 심장을 울린 경험이 있을 것입니다. 서산 해 질 녘에 산천을 울리는 법고 범종소리의 웅장함은 지금도 한국의 아름다운 소리로 소개되고 있습니다.

말이라는 기호가 덧대어지지 않은 절의 소리, 불교의 소리는 우리의 마음을 가라앉히기도 하고 환희용약하게도 힙니다. 그러나 기호에 의하지 않은 음악은 제한적입니다. 이 음악만 가지고는 현대인을 사유의 장으로 이끌어내기 어렵습니다.

100여년 전, 근세 불교의 큰스승 용성 진종 대종사께서 국악조의 찬불가를 최초로 만들었습니다. 우리 정토사는 창건 당시부터 각종 재나 의식, 특히 49재 막재에는 꼭 찬불가를 부르며 영가님의 왕생극락과 남은 가족의 평안을 발원해 오고 있습니다.

찬불가는 온 인류의 위대한 스승이신 부처님의 교훈을 아름다운 선율에 실어 우주 법계를 진동 시킵니다. 진리 말씀을 새기고 다듬어서 님 찬양, 진리 찬양을 미묘한 음성, 조화로운 화음으로 만인에게 공양올립니다. 만민안락 중생구제의 훌륭한 방편입니다.

하고 싶어 하는 노래
가슴에서 넘쳐 흘러 지혜 자비 바다 된다

자신을 인간답게 마음을 부처답게
걸음걸음 보살의 길 사뿐사뿐 나아간다

백옥 구슬 내려오듯 우담발화 미소 짓듯
중생교화(衆生敎化) 심오한 진리
은은히 펼치는 찬불의 노래
불교의 자랑 온 국민의 청량제

오선 악보에 구성된 현대식 찬불가는 많은 사람이 불교를 이해하고 찬탄하게 합니다. 법회나 의식에서 중요한 몫을 하고 많은 대중을 정서적으로 한데 묶어 화합하게 하는 역할도 합니다.

정토사 창건 이래 법회 때마다 찬불가를 익히고 보급해 오다가 1992년에는 정토합창단, 2000년에 붓다어린이합창단을 창단하고 현재 남녀혼성 어울림합창단과 여성 태화합창단, 가람청소년합창단이 노래 공양하여서 법회나 불교행사에 꽃보다 더한 장엄이 되고 감동도 큽니다.

근년에 소승은 불교신행의 지침이 될만한 가사와 서정적인 느낌이 좋은 가사를 짓고 작곡가에 의해 작곡된 일반 노래와 찬불가, 동요 등 수십 곡을 만들어 왔습니다. 이제 그 성과물을 악보로 엮어 출간합니다.

작곡해 주신 박이제, 강주현, 한수현, 김희남, 이종만, 최미선, 조영근 선생님과 악보를 편곡 정리해 주신 강주현 선생님과 출판 관계자 분들께 감사드립니다.

이 악보를 보는 이마다 환희롭게 노래하여 다생업장과 근심고뇌 사라지고 안락행복과 지혜로운 삶의 길이 열리기를 기원합니다.

2024년 가을 정토사 안심당(安心堂)에서
산하 덕진(山河 德眞) 배(拜)

축 사

삶의 감동과 가르침의 소리

산하 덕진스님 악보집 '고운소리 맑은세상' 발간을 진심으로 축하드립니다. 이 귀한 악보집은 찬불가의 아름다움을 더욱 많은 이들과 나눌 수 있는 소중한 기회가 될 것입니다. 스님의 깊은 사상과 정성이 담긴 음악이 많은 이들에게 위로와 영감을 주리라 믿습니다.
덕진스님은 정토사 회주 스님이시자 시인, 수필가, 선서화가로 활동하며 다수의 저서와 전시회 등으로 문화 포교에 전력하고 있습니다.

특히 스님께서 찬불가를 통해 전하는 노래는 듣는 이의 마음을 감동시키고 안식과 위로를 주었으며, 그 음악의 힘은 많은 이들에게 희망과 용기를 주었습니다.

이번 덕진스님의 찬불가 악보집 발간은 스님의 음악적 업적을 기록하여 미래 세대에 전하고 더 많은 사람들이 스님의 예술에 접하게 하는 의미 있는 일입니다.

아울러, 음악에 담긴 철학과 가르침을 알리고 널리 전파할 수 있는 유익한 자료가 될 것입니다.

덕진스님의 찬불가 악보집이 예술적 업적을 기록함과 함께 많은 이들에게 감동과 삶의 가르침을 줄 것을 진심으로 기원합니다.
감사합니다.

2024년 10월

울산광역시장 김 두 겸

차 례

울산 갯마을

산하 덕진스님 작사
강주현 작곡

S.
인 생 살 이 시 름 일 랑 꽁 꽁 꽁 ㅡ 묶 어 둔 다 ㅡ
하 늘 도 ㅡ 내 집 이 고 바 다 도 ㅡ 내 것 이 다 ㅡ
갈 매 기 ㅡ 장 단 따 라 노 래 가 락 흥 겨 워 라 ㅡ
A.
인 생 살 이 시 름 일 랑 꽁 꽁 꽁 ㅡ 묶 어 둔 다 ㅡ
하 늘 도 ㅡ 내 집 이 고 바 다 도 ㅡ 내 것 이 다 ㅡ
갈 매 기 ㅡ 장 단 따 라 노 래 가 락 흥 겨 워 라 ㅡ
오 ㅡ 늘 은 ㅡ 좋 ㅡ 은 날 ㅡ 참 으 로 좋 은 세 상 ㅡ
오 ㅡ 늘 은 ㅡ 좋 ㅡ 은 날 ㅡ 참 으 로 좋 은 세 상 ㅡ
D.C.
참 으 로 좋 은 세 상 ㅡ 참 으 로 좋 은 세 상 ㅡ
참 으 로 좋 은 세 상 ㅡ 참 으 로 좋 은 세 상 ㅡ

25
S.
오 — 늘 은 —　좋 — 은 날 —　참 으 로 좋 은 세 상 —
A.
오 — 늘 은 —　좋 — 은 날 —　참 으 로 좋 은 세 상 —
25

고이고이 가옵소서

산하 덕진스님 작사
김희남 작곡

14
S.
A.
14
18
S.
미련도 놓고 후회도 놓고 얽 힌사연도놓 고
지—장 보살 원—력 으로 업장 고통사라지 고
A.
미련도 놓고 후회도 놓고 얽 힌사연도놓 고
지—장 보살 원—력 으로 업장 고통사라지 고
18
22
S.
생 사고해 벗 어나서 인 연따—라 가는 님이여
마 음속에 맺 힌—한 봄 눈녹—듯 사 라져서
A.
생 사고해 벗 어나서 인 연따—라 가는 님이여
마 음속에 맺 힌—한 봄 눈녹—듯 사 라져서
22

26
S.
허공같은청정본성 바 로보아 흔 들림없이 가 시는길
아미타불영접답아 자 유자재 해 탈경ㅡ지 이 루소서
A.
허공같은청정본성 바 로보아 흔 들림없이 가 시는길
아미타불영접답아 자 유자재 해 탈경ㅡ지 이 루소서
26
30
S.
f
결 림없 는 바 람처럼 청 아하 게 가 옵소서
고 ㅡ요 한 열 반경지 고 이고 이 이 르소서
A.
f
결 림없 는 바 람처럼 청 아하 게 가 옵소서
고 ㅡ요 한 열 반경지 고 이고 이 이 르소서
30
f
34
S.
A.
34

38
S.
A.
38
42
S.
순ㅡ풍 타고 별빛따 ㅡ라 훨훨 날아가옵소 서
A.
순ㅡ풍 타고 별빛따 ㅡ라 훨훨 날아가옵소 서
42
46
S.
배 웅하는 저 희들도 애 별리ㅡ고 넘 고넘어
A.
배 웅하는 저 희들도 애 별리ㅡ고 넘 고넘어
46

S.
나날마다인연따라 담 담하게 사 ㅡ오ㅡ리 다 ㅡㅡ아
A.
나날마다인연따라 담 담하게 사 ㅡ오ㅡ리 다 ㅡㅡ아
S.
나 날마 다 인 연따라 담 담하 게 사 오리다
A.
나 날마 다 인 연따라 담 담하 게 사 오리다
rit.
S.
생명과 영혼의 인도자이신 부 처님 께 귀의합니다
A.
생명과 영혼의 인도자이신 부 처님 께 귀의합니다

구름

산하 덕진스님 작사
김희남 작곡

9
S.
하 얀그 림높 이뜨면 산길운동좋 아하 고
재 빛하 늘드 리워도 우리서로다 정하 네
A.
랄랄라라 랄라라
랄랄라라 랄라라
9
13
S.
검 은그—림 낮게 뜨면 수 확 농 부 바 빠지네
나 는부처님 닮아 가는 마 음 고 운 아 이이지
A.
검 은그—림 낮게 뜨면 수 확 농 부 바 빠지네
나 는부처님 닮아 가는 마 음 고 운 아 이이지
13
17
S.
아 아 아 아 따라가는색 일 까 —
아 아 아 아 따라가는색 일 까 —
A.
내 마음 은 하 얀그림 따라가는색 일 까 —
저 흰구 름 따 라가는 따라가는색 일 까 —
17

21
S.
내 마음 은 검 은그림 따라가는색 일ー 까
저 먹구 름 따 라가는 내마음도즐 거워 요
A.
내 마음 은 검 은그림 따라가는색 일ー 까
저 먹구 름 따 라가는 내마음도즐 거워 요
21
25
S.
저 먹구 름 따 라가는 내마음도즐 거워 요 아
A.
저 먹구 름 따 라가는 내마음도즐 거워 요 아
25

귀뚜라미

산하 덕진스님 작사
김희남 작곡

9
S.
동 참하는 귀 뚜라미 청ㅡ순한 노 래 ㅡ
A.
동 참하는 귀 뚜라미 청ㅡ순한 노 래 ㅡ
9
13
S.
관 세음보 살 ㅡ 관 세음ㅡ 보살 ㅡ
A.
관 세음보 살 ㅡ 관 세음ㅡ 보살 ㅡ
13
17
S.
염 불소ㅡ리 노래소리 노 래소ㅡ리 염불소리
A.
염 불소ㅡ리 노래소리 노 래소ㅡ리 염불소리
17

21
S.
내 가 귀 뚜 라 미 되 고 귀 뚜 라 미 는 내 가 된 다
A.
내 가 귀 뚜 라 미 되 고 귀 뚜 라 미 는 내 가 된 다
21
25
S.
내 가 귀 뚜 라 미 되 고 귀 뚜 라 미 는 내 가 된 다
A.
내 가 귀 뚜 라 미 되 고 귀 뚜 라 미 는 내 가 된 다
25

꽃길

산하 덕진스님 작사
최미선 작곡
강주현 편곡

9
S.
황금담장보다무 지개꿈보다 더욱 더아름다운 소박한꽃길
A.
황금담장보다무 지개꿈보다 더욱 더아름다운 소박한꽃길
9
13
f
S.
천 진 동 자 눈망울보다 더 맑은동해 물 을
f
A.
천 진 동 자 눈망울보다 더 맑은동해 물 을
13
f
17
S.
안 고 업 고 춤 ㅡ 추니 더 ㅡ욱황홀하구 나
A.
안 고 업 고 춤 ㅡ 추니 더 ㅡ욱황홀하구 나
17

mf
S.
A.
나 날 이 향 기 잔 치
길 손 마 다 박 수 갈 채
바 램 없 는 나 눔 에 마 음 바 다
비 춰 진 ㅡ 다

녹차나무처럼

산하 덕진스님 작사
한수현 작곡
강주현 편곡

15
꽃 향 기 ㅡ 로 벌 을 불 러 번 성 하 네 ㅡ
갑 옷 입 ㅡ 은 열 매 자 랑 하 ㅡ ㅡ 네 ㅡ
꽃 향 기 ㅡ 로 벌 을 불 러 번 성 하 네 ㅡ
갑 옷 입 ㅡ 은 열 매 자 랑 하 ㅡ ㅡ 네 ㅡ
15
자진모리 풍으로
19
f
지혜교훈나눔으로
인연따라설법하고
맑고고운향기되고
세월따라방편쓰며
f
지혜교훈나눔으로
인연따라설법하고
맑고고운향기되고
세월따라방편쓰며
19
f
23
자비로운실천으로
순경역경담담하게
평화세상이루어요 ㅡ
좋은나날이루어요 ㅡ
자비로운실천으로 평화세상이루어요 ㅡ
순경역경담담하게 좋은나날이루어요 ㅡ
23

굿거리풍으로
찻 잎 처 럼 싱 싱 하 게 ㅡ
찻 잎 처 럼 싱 싱 하 게 ㅡ
찻 잎 처 럼 싱 싱 하 게 ㅡ
찻 잎 처 럼 싱 싱 하 게 ㅡ
녹 차 처 럼 향 기 롭 게 ㅡ 나 의 건 ㅡ 강
녹 차 처 럼 향 기 롭 게 ㅡ 나 의 건 ㅡ 강
녹 차 처 럼 향 기 롭 게 ㅡ 나 의 건 ㅡ 강
녹 차 처 럼 향 기 롭 게 ㅡ 나 의 건 ㅡ 강
지 켜 가 ㅡ 고 나 의 마 음 가 꾸 어 요 ㅡ
지 켜 가 ㅡ 고 나 의 마 음 가 꾸 어 요 ㅡ
지 켜 가 ㅡ 고 나 의 마 음 가 꾸 어 요 ㅡ
지 켜 가 ㅡ 고 나 의 마 음 가 꾸 어 요 ㅡ

나는 본래 누구인가

(본래 근본 무엇인가)

산하 덕진스님 작사
강주현 작곡

S.
M-S.
A.
mf
것 ㅡㅡ은 무엇이 며 어 디 ㅡㅡ로 가고있 나 부 모
은 ㅡ생엔 무얼할 까 내 생 ㅡ엔어 디로가 나 나 도

S.
M-S.
A.
mf
님 이 주신이 몸 무 ㅡ 엇 을 해 야할 까 민
너 도 인생살 이 행 ㅡ 복 을 누 려야 지 욕

S.
M-S.
A.
족 —자손 국민도 리 온 전 ——히 다해야 지 잡
망 —집착 분별심 도 모 두 —모두 버려야 지 맑

S.
M-S.
A.
념 —번뇌 버리고 서 가 나 —오나 한결같 이 온
은 —경지 고요속 에 내 본 ——성 찾아야 지 한

S.
M-S.
A.
생 ーー각 집중하 고 그 ー 생 각알아차 려 내
생 ーー각 몰입하 고 그 ー 마 음알아차 려 내
f

S.
M-S.
A.
마 ー음속 불성보 니 내 자 ー신이 본래부 처 자

33
S.
M-S.
A.
1.
비 ㅡ지혜 완전행복 온 누 리 가평화세 상
비 ㅡ지혜 완전행복 온 누 리 가평화세 상
비 ㅡ지혜 완전행복 온 누 리 가평화세 상
mp

37
S.
M-S.
A.
2.
리 가평화세 상 자 비 ㅡ지혜 완전행복 온 누
리 가평화세 상 자 비 ㅡ지혜 완전행복 온 누
리 가평화세 상 자 비 ㅡ지혜 완전행복 온 누

41
rit.
S.
리 가 평 화 세 상
M-S.
리 가 평 화 세 상
A.
리 가 평 화 세 상

동련회가

산하 덕진스님 작사
이종만 작곡
강주현 편곡

9
S.
mf
서 나 맑 은 미 소 강 — 건 한 햇 — 살 같 이 자 비
않 고 흘 러 가 는 강 물 처 럼 한 — 결 같 이 슬 기
mf
A
서 나 맑 은 미 소 강 — 건 한 햇 — 살 같 이 자 비
않 고 흘 러 가 는 강 물 처 럼 한 — 결 같 이 슬 기
9
mf
13
S.
f
롭 고 진 — 실 — 한 참 나 를 찾 — 아 가 요 다 —
롭 고 여 유 로 — 운 참 나 를 찾 — 아 가 요 다 —
f
A
롭 고 진 — 실 — 한 참 나 를 찾 — 아 가 요 다 —
롭 고 여 유 로 — 운 참 나 를 찾 — 아 가 요 다 —
13
17
S.
함 께 손 — 잡 고 좋 은 인 연 이 루 어 서 온 —
함 께 뜻 을 모 아 밝 은 세 상 이 루 어 서 이 —
A
함 께 손 — 잡 고 좋 은 인 연 이 루 어 서 온 —
함 께 뜻 을 모 아 밝 은 세 상 이 루 어 서 이 —
17
f

21
S.
1.
세 계 주 인 되 자 우 리 동 련 청 소 년
나 라 주 역 되 자 우 리
A
세 계 주 인 되 자 우 리 동 련 청 소 년
나 라 주 역 되 자 우 리
21
f
25
2.
S.
동 련 청 소 년
A
동 련 청 소 년
25

동해 갯마을

산하 덕진스님 작사
강주현 작곡

13
S.
인 생 살 이 시 름 일 랑 꽁 꽁 꽁 ㅡ 묶 어 둔 다 ㅡ
하 늘 도 ㅡ 내 집 이 고 바 다 도 ㅡ 내 것 이 다 ㅡ
갈 매 기 ㅡ 장 단 따 라 노 래 가 락 흥 겨 워 라 ㅡ
A.
인 생 살 이 시 름 일 랑 꽁 꽁 꽁 ㅡ 묶 어 둔 다 ㅡ
하 늘 도 ㅡ 내 집 이 고 바 다 도 ㅡ 내 것 이 다 ㅡ
갈 매 기 ㅡ 장 단 따 라 노 래 가 락 흥 겨 워 라 ㅡ
17
S.
1.
오 ㅡ 늘 은 ㅡ 좋 ㅡ 은 날 ㅡ 참 으 로 좋 은 세 상 ㅡ
A.
오 ㅡ 늘 은 ㅡ 좋 ㅡ 은 날 ㅡ 참 으 로 좋 은 세 상 ㅡ
21
S.
2.
D.C.
3.
참 으 로 좋 은 세 상 ㅡ 참 으 로 좋 은 세 상 ㅡ
A.
참 으 로 좋 은 세 상 ㅡ 참 으 로 좋 은 세 상 ㅡ

25
S.
오 ㅡ 늘 은 ㅡ 좋 ㅡ 은 날 ㅡ 참 으 로 좋 은 세 상 ㅡ
A.
오 ㅡ 늘 은 ㅡ 좋 ㅡ 은 날 ㅡ 참 으 로 좋 은 세 상 ㅡ
25

바다처럼

산하 덕진스님 작사
강주현 작곡

9
S
탐 냄 ㅡ 과 어 리 석 은 어 두 움 환 히 밝 아 지 면 참 좋 겠 네
M-S.
탐 냄 ㅡ 과 어 리 석 은 어 두 움 환 히 밝 아 지 면 참 좋 겠 네
A.
탐 냄 ㅡ 과 어 리 석 은 어 두 움 환 히 밝 아 지 면 참 좋 겠 네
9

13
S
mf
거센바람ㅡ더운햇 살 모 두 ㅡ 머 금 어 도
M-S.
mf
거센바람ㅡ더운햇 살 모 두 ㅡ 머 금 어 도
A.
mf
거센바람ㅡ더운햇 살 모 두 ㅡ 머 금 어 도
13
mf

17
S
M-S.
A.
고 요하 고 잔 잔한 바 ㅡ 다
고 요하 고 잔 잔한 바 ㅡ 다
고 요하 고 잔 잔한 바 ㅡ 다
17

21
S
M-S.
A.
f
기ㅡ뽑도ㅡ아ㅡ픔 도 현 실 ㅡ 지 키 려 는
기ㅡ뽑도ㅡ아ㅡ픔 도 현 실 ㅡ 지 키 려 는
기ㅡ뽑도ㅡ아ㅡ픔 도 현 실 ㅡ 지 키 려 는
21

25
S
M-S.
A.
안간힘도ㅡ모ㅡㅡ 두
잊혀지면ㅡ좋ㅡ겠 네
안간힘도ㅡ모ㅡㅡ 두
잊혀지면ㅡ좋ㅡ겠 네
안간힘도ㅡ모ㅡㅡ 두
잊혀지면ㅡ좋ㅡ겠 네
25

29
S
M-S.
A.
mf
큰고래작은고기 다 품 고 서
묵묵히미소짓는 ㅡ 바 다
mf
큰고래작은고기 다 품 고 서
묵묵히미소짓는 ㅡ 바 다
mf
큰고래작은고기 다 품 고 서
묵묵히미소짓는 ㅡ 바 다
29
mf

33
S
권 력 ㅡ 자 가 진 ㅡ 자 서 민 취 약 ㅡ 자
M-S.
권 력 ㅡ 자 가 진 ㅡ 자 서 민 취 약 ㅡ 자
A.
권 력 ㅡ 자 가 진 ㅡ 자 서 민 취 약 ㅡ 자
33

37
S
대 화 로 풀 고 ㅡ 평 화 로 우 면 참 ㅡ 좋 겠 네
M-S.
대 화 로 풀 고 ㅡ 평 화 로 우 면 참 ㅡ 좋 겠 네
A.
대 화 로 풀 고 ㅡ 평 화 로 우 면 참 ㅡ 좋 겠 네
37

41
S
M-S.
A.
f

45
S
mf
맑은강물ㅡ탁한오 수
모 두 ㅡ마 시 고 도
M-S.
mf
맑은강물ㅡ탁한오 수
모 두 ㅡ마 시 고 도
A.
mf
맑은강물ㅡ탁한오 수
모 두 ㅡ마 시 고 도
mf

49
S
언 제나 싱 싱한 바 ㅡ 다
M-S.
언 제나 싱 싱한 바 ㅡ 다
A.
언 제나 싱 싱한 바 ㅡ 다
49

53
S
f
칭찬에도ㅡ비방에 도 아 니 ㅡ 꼬 움 에 도
M-S.
f
칭찬에도ㅡ비방에 도 아 니 ㅡ 꼬 움 에 도
A.
f
칭찬에도ㅡ비방에 도 아 니 ㅡ 꼬 움 에 도
53
f

S
M-S.
A.
초연하면ㅡ좋ㅡ겠 네
초연하면ㅡ좋ㅡ겠 네
초연하면ㅡ좋ㅡ겠 네
초연하면ㅡ좋ㅡ겠 네
초연하면ㅡ좋ㅡ겠 네
초연하면ㅡ좋ㅡ겠 네

S
M-S.
A.
mf
동 해 남 해 서 해 물 모 두 ㅡ 짭 짤 달 짝 한 한 맛 인 데 ㅡ
동 해 남 해 서 해 물 모 두 ㅡ 짭 짤 달 짝 한 한 맛 인 데 ㅡ
동 해 남 해 서 해 물 모 두 ㅡ 짭 짤 달 짝 한 한 맛 인 데 ㅡ

S
보 수 진 보 어 깨 동 무 하 고 ㅡ 바 다 처 럼 ㅡ 바 다 처 럼 ㅡ
M-S.
보 수 진 보 어 깨 동 무 하 고 ㅡ 바 다 처 럼 ㅡ 바 다 처 럼 ㅡ
A.
보 수 진 보 어 깨 동 무 하 고 ㅡ 바 다 처 럼 ㅡ 바 다 처 럼 ㅡ

S
양보포용으로살면 참 좋 겠 네 양 보 포 용 으 로 살 면 참 좋 겠 네
rit.
M-S.
양보포용으로살면 참 좋 겠 네 양 보 포 용 으 로 살 면 참 좋 겠 네
A.
양보포용으로살면 참 좋 겠 네 양 보 포 용 으 로 살 면 참 좋 겠 네
rit.

봄날씨

산하 덕진스님 작사
최미선 작곡
강주현 편곡

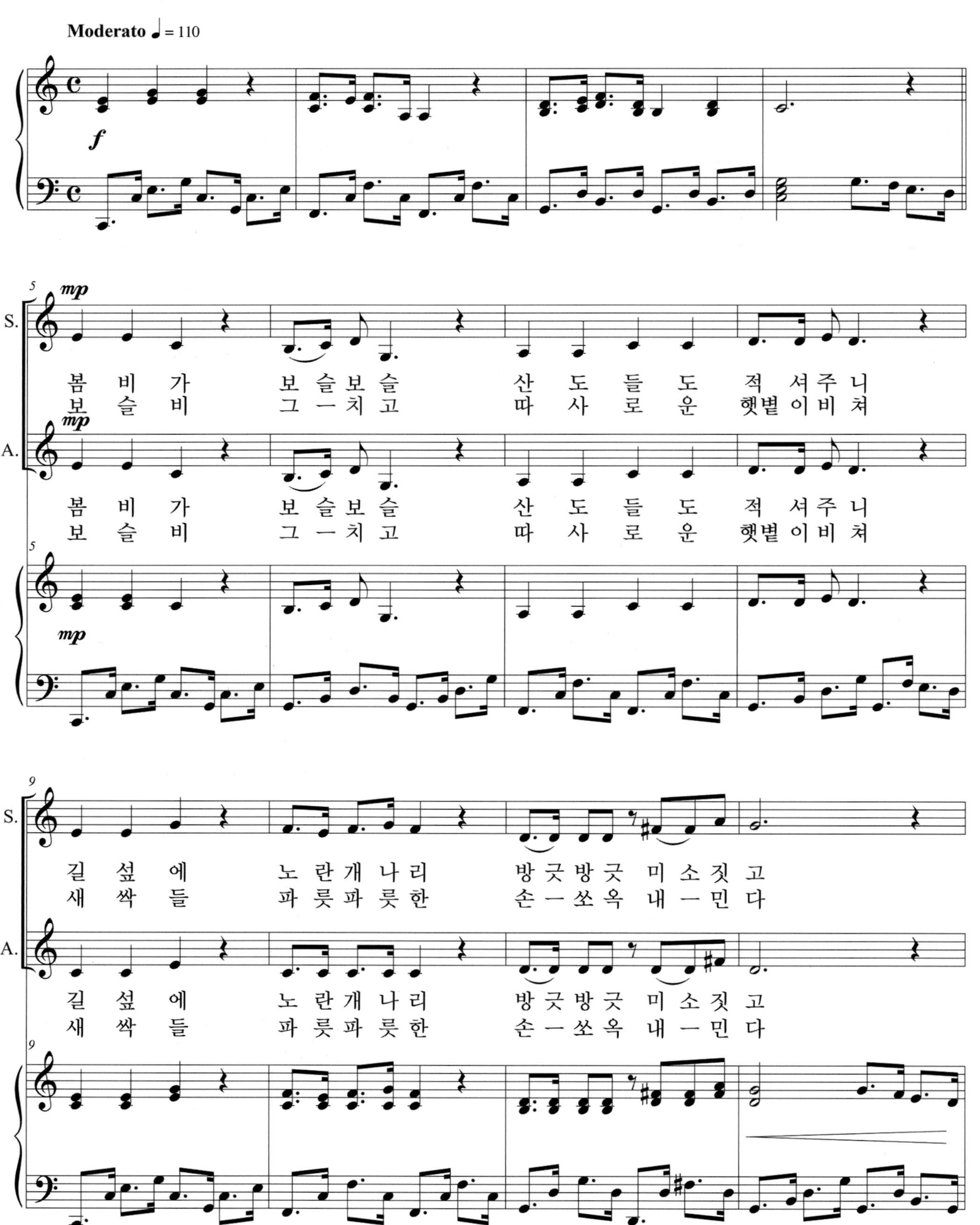

S.
A.
뜰 앞 에 하 얀 목 련 꽃 한 들 한 들 춤 춘 다 온 마 을
겨울 이 긴 붉 은 설 중 매 맑 고 곱 게 빛 난 다 너 도 나 도
어 른 아 이 좋 아 좋 아 희 망 노 래 신 난 다 봄 날 에
봄 ㅡ 날 씨 좋 아 좋 아 찬 양 노 래 신 난 다 봄 날 에
비 내 려 도 좋 아 좋 아 햇 별 나 도 좋 아 좋 아 내 마 음 엔

25
mf
S.
비 내려도좋아좋아 햇볕 나 도 좋아좋아
1.
mf
A.
비 내려도좋아좋아 햇볕 나 도 좋아좋아
25
mf
29
2.
f
S.
나 도 좋아좋아
f
A.
나 도 좋아좋아
29
f

보시 바라밀

산하 덕진스님 작사
한수현 작곡

13
주 고받는 자비ㅡ사랑 서로서로사랑이죠
서 로돕고 두루잘사는 재물나눔재보시요

17

21
주 어도퍼ㅡ주어도 본래것이줄지않고
자 비로용기를주고 힘이되어두려움에

25
3
주 면 줄 수 록 불 ― 어 나 고 더 욱 더 빛 나 는
헤 ― 메 임 을 벗 ― 어 나 서 편 안 케 안 심 주
25

28
것 부 ― 처 님 가 르 침 을
면 마 음 노 력 주 고 받 는
28

31
3
전 달 하 는 법 ― 보 시 요
쵀 상 공 양 무 외 보 시 요
31
rit.

♩. = 48
33
부 처님 따라가는 나 눔봉 사행복의길
35
부 처님 세ㅡㅡ상 지 어가는 ㅡ
♩ = 56
37
참 좋 은 보 시 바 라 밀

보시 바라밀

산하 덕진스님 작사
김희남 작곡

9
S.
주 고 싶 어 준 ㅡ 다 면 받 는 것 도 기 쁨 이 죠 아 하
주 는 마 음 신 ㅡ 나 고 받 는 마 음 편 안 기 쁨 아 하
A.
주 고 싶 어 준 ㅡ 다 면 받 는 것 도 기 쁨 이 죠 아 하
주 는 마 음 신 ㅡ 나 고 받 는 마 음 편 안 기 쁨 아 하
9
13
S.
주고받는자비사랑 서 로 서 로 사 랑 이 죠
서로돕고두루사는 재 물 나 눔 재 보 시 요
A.
주고받는자비사랑 서 로 서 로 사 랑 이 죠
서로돕고두루사는 재 물 나 눔 재 보 시 요
13
17
S.
주 어 도 퍼 주 어 도 본 래 것 이 줄 지 않 ㅡ 고
자 비 로 용 기 주 고 힘 이 되 어 두 려 움 ㅡ 에
A.
주 어 도 퍼 주 어 도 본 래 것 이 줄 지 않 ㅡ 고
자 비 로 용 기 주 고 힘 이 되 어 두 려 움 ㅡ 에
17

21
S.
주 면 줄 수 록 불 어 나 고 더 욱 더 빛 나 는 것
헤 ㅡ 매 임 을 벗 어 나 서 편 안 케 안 심 주 면
A.
주 면 줄 수 록 불 어 나 고 더 욱 더 빛 나 는 것
헤 ㅡ 매 임 을 벗 어 나 서 편 안 케 안 심 주 면
21
25
S.
부 ㅡ 처 님 가 르 침 을 전 달 하 는 법 보 시 요 아 하 아 하
마 음 노 력 주 고 받 는 최 상 공 양 무 외 보 시 아 하 아 하
A.
부 ㅡ 처 님 가 르 침 을 전 달 하 는 법 보 시 요 아 하 아 하
마 음 노 력 주 고 받 는 최 상 공 양 무 외 보 시 아 하 아 하
25
29
S.
부 ㅡ 처 님 따 라 가 는 나 눔 봉 사 행 복 의 길 부 처 님 세 상
A.
부 ㅡ 처 님 따 라 가 는 나 눔 봉 사 행 복 의 길 부 처 님 세 상
29

33
S.
참 좋 은 보 시 바 라 밀
A.
참 좋 은 보 시 바 라 밀
33
37
S.
바 라 밀 아 하
A.
바 라 밀 아 하
37
gliss.

비우자

산하 덕진스님 작사
강주현 작곡

S.
M-S.
A.
mp
mf
요 를채 우ㅡ고 ㅡ 잡 념 을비 우ㅡ자 ㅡ 지
요 를채 우ㅡ고 ㅡ 잡 념 을비 우ㅡ자 ㅡ 지
요 를채 우ㅡ고 ㅡ 잡 념 을비 우ㅡ자 ㅡ 지

S.
M-S.
A.
mf
mp
혜 를채 우ㅡ고 ㅡ 우 치 를비 우ㅡ자 ㅡ 내
혜 를채 우ㅡ고 ㅡ 우 치 를비 우ㅡ자 ㅡ 내
혜 를채 우ㅡ고 ㅡ 우 치 를비 우ㅡ자 ㅡ 내

17
S.
힘 과여 건으로 — 갈 수 있다 는점에서 — 할
M-S.
힘 과여 건으로 — 갈 수 있다 는점에서 — 할
A.
힘 과여 건으로 — 갈 수 있다 는점에서 — 할
17
mf

21
S.
수 있 다 는 — 점 — — 에 — 서 —
M-S.
수 있 다 는 — 점 — — 에 — 서 —
A.
수 있 다 는 — 점 — — 에 — 서 —
21

행복한 마음으로 ♩= 100
25
S.
M-S.
A.
mf

29
mf
실 현 가 능 한 욕 심 도 애 정 도 삼 할 만 비 워 보 자
실 현 가 능 한 욕 심 도 애 정 도 삼 할 만 비 워 보 자
실 현 가 능 한 욕 심 도 애 정 도 삼 할 만 비 워 보 자

33
S.
그 러 고 서 만 족 하 면 맑 고 ㅡ 편 안 하 다
M-S.
그 러 고 서 만 족 하 면 맑 고 ㅡ 편 안 하 다
A.
그 러 고 서 만 족 하 면 맑 고 ㅡ 편 안 하 다
33

37
S.
현 실 ㅡ 과 인 연 ㅡ 에 순 응 하 면 행 복 하 다
M-S.
현 실 ㅡ 과 인 연 ㅡ 에 순 응 하 면 행 복 하 다
A.
현 실 ㅡ 과 인 연 ㅡ 에 순 응 하 면 행 복 하 다
37

41
S.
채 운 다 는 생 각 ㅡ 도 비 운 다 는 생 각 도
M-S.
채 운 다 는 생 각 ㅡ 도 비 운 다 는 생 각 도
A.
채 운 다 는 생 각 ㅡ 도 비 운 다 는 생 각 도
41

45
S.
모 ㅡ 두 놓 ㅡ 아 버 ㅡ 리 ㅡ 자
M-S.
모 ㅡ 두 놓 ㅡ 아 버 ㅡ 리 ㅡ 자
A.
모 ㅡ 두 놓 ㅡ 아 버 ㅡ 리 ㅡ 자
45

49
S.
놓 을 것 도 비 울 것 도 없 으 니 허 공 같 은 마 음 일 세
M-S.
놓 을 것 도 비 울 것 도 없 으 니 허 공 같 은 마 음 일 세
A.
놓 을 것 도 비 울 것 도 없 으 니 허 공 같 은 마 음 일 세
49

53
S.
놓 을 것 도 비 울 것 도 없 으 니 허 공 같 은 마 음 일 세
M-S.
놓 을 것 도 비 울 것 도 없 으 니 허 공 같 은 마 음 일 세
A.
놓 을 것 도 비 울 것 도 없 으 니 허 공 같 은 마 음 일 세
53

산사 소나무

산하 덕진스님 작사
강주현 작곡

S.
A.
소 리목탁소ㅡ리 한결같 이들 고ㅡ서 키ㅡ
소 리목탁소ㅡ리 한결같 이들 고ㅡ서 키ㅡ
다 리뽐 내면 서 불로 장 생자랑한ㅡ다 나이
다 리뽐 내면 서 불로 장 생자랑한ㅡ다 나이
테 는모르지ㅡ만 언제 나 다정 하ㅡ 게 푸 른
테 는모르지ㅡ만 언제 나 다정 하ㅡ 게 푸 른

21
S.
옷 한 들 한 — 들 붉 은 살 결 드 러 내 어 늡 고
A.
옷 한 들 한 — 들 붉 은 살 결 드 러 내 어 늡 고
21
mf
25
S.
서 고 손 잡 으 며 우 애 화 목 가 르 친 다
A.
서 고 손 잡 으 며 우 애 화 목 가 르 친 다
25
mp
29
S.
mf
싱 싱
A.
mf
싱 싱
29

33
S.
한 가지 끼 ㅡ 리 서로 서 로어깨동 ㅡ 무 뙤 ㅡ
A.
한 가지 끼 ㅡ 리 서로 서 로어깨동 ㅡ 무 뙤 ㅡ
33
mf
37
S.
약 볕가려주 ㅡ 고 설한 풍 막아 주 ㅡ 며 오 ㅡ
mf
A.
약 볕가려주 ㅡ 고 설한 풍 막아 주 ㅡ 며 오 ㅡ
mf
37
mf
41
S.
가 는 사 람에 게 협 력봉 사 가 르 친 다 오 ㅡ
A.
가 는 사 람에 게 협 력봉 사 가 르 친 다 오 ㅡ
41
mf

45
S.
가 는 사 람 에 게 협 력 봉 사 가 르 친 다
A.
가 는 사 람 에 게 협 력 봉 사 가 르 친 다
45

빌고 빌어요

산하 덕진스님 작사
이종만 작곡

13
엄 마 근 심 격 정 흩 어 지 기 를 개 나
엄 마 근 심 격 정 흩 어 지 기 를 개 나
13
17
리 꽃 생 글 생 글 피 어 — 나 듯 이
리 꽃 생 글 생 글 피 어 — 나 듯 이
17
21
우 리 아 빠 하 시 는 일 피 어 — 나 기 를
우 리 아 빠 하 시 는 일 피 어 — 나 기 를
21

25
하 야 목 련 반 짝 반 짝 빛 이 나 듯 이
우 반 짝 반 짝 빛 이 나 듯 이
25
29
내 마 음 도 티 끌 없 이 맑 아 — 지 기 를
우 티 끌 없 이 맑 아 지 기 를
29
33
자 비 미 소 부 처 님 께 빌 고 — 빌 어 요
자 비 미 소 부 처 님 께 빌 고 — 빌 어 요
33

37
햇 님 이 뜰 때 마 다 빌 고 — 빌 어 요
햇 님 이 뜰 때 마 다 빌 고 — 빌 어 요
37
41
햇 님 이 뜰 때 마 다 빌 고 — 빌 어 요
햇 님 이 뜰 때 마 다 빌 고 — 빌 어 요
41

사종(四種)의 거울

산하 덕진스님 작사
강주현 작곡

S
M-S.
A.
울 에 비 춰 보 며 맑 ㅡ 게 ㅡ 곱 게 가 꾸 어 요 허 튼 말
mf

S
M-S.
A.
씨 ㅡ 고 저 장 단 자 세 히 ㅡ 보 여 주 는 녹 음 기
mp
mf

17
S
M-S.
A.
거 ―울에 비춰보 며 바른말고 운말로 고쳐가 요 선과
거 ―울에 비춰보 며 바른말고 운말로 고쳐가 요 선과
거 ―울에 비춰보 며 바른말고 운말로 고쳐가 요 선과
mp
f

21
S
M-S.
A.
악 을 비 춰 주 는 업 ― 경 ―대의 거울보 며 죄 업
악 을 비 춰 주 는 업 ― 경 ―대의 거울보 며 죄 업
악 을 비 춰 주 는 업 ― 경 ―대의 거울보 며 죄 업
f

25
S
M-S.
A.
mf
참 회 선 행실 천 복 된 나 ㅡ날 지 어 가 요 마 음 의
참 회 선 행실 천 복 된 나 ㅡ날 지 어 가 요 마 음 의
참 회 선 행실 천 복 된 나 ㅡ날 지 어 가 요 마 음 의

29
S
M-S.
A.
mp
mf
명 ㅡ암비 춰 보 는 선 ㅡ 정 ㅡ ㅡ거 울 에 잡 념 없
명 ㅡ암비 춰 보 는 선 ㅡ 정 ㅡ ㅡ거 울 에 잡 념 없
명 ㅡ암비 춰 보 는 선 ㅡ 정 ㅡ ㅡ거 울 에 잡 념 없

33
S
M-S.
A.
이 ㅡ 집중 하 ㅡ 여 지 혜 안 ㅡ 강 열 어 가 요 언 제
이 ㅡ 집중 하 ㅡ 여 지 혜 안 ㅡ 강 열 어 가 요 언 제
이 ㅡ 집중 하 ㅡ 여 지 혜 안 ㅡ 강 열 어 가 요 언 제
f
mp

37
S
M-S.
A.
나 어 디 서 ㅡ 나 사 종 거 ㅡ 울 보 고 보 면 근 심
나 어 디 서 ㅡ 나 사 종 거 ㅡ 울 보 고 보 면 근 심
나 어 디 서 ㅡ 나 사 종 거 ㅡ 울 보 고 보 면 근 심
f

41
S
번 뇌 사 라 지 고
삶 이 날 ー 로 행 복 해 요
근 심
M-S.
번 뇌 사 라 지 고
삶 이 날 ー 로 행 복 해 요
근 심
A.
번 뇌 사 라 지 고
삶 이 날 ー 로 행 복 해 요
근 심
41

45
S
rit.
번 뇌 사 라 지 고
삶 이 날 ー 로 행 복 해 요
M-S.
rit.
번 뇌 사 라 지 고
삶 이 날 ー 로 행 복 해 요
A.
rit.
번 뇌 사 라 지 고
삶 이 날 ー 로 행 복 해 요
45
rit.

산딸기

산하 덕진스님 작사
조영근 작곡
강주현 편곡

9
S.
산 딸 기 가 ㅡ 조 롱 조 롱 ㅡ 익 고 있 ㅡ 어 요
산 딸 기 가 ㅡ 새 빨 갛 게 ㅡ 익 고 있 ㅡ 어 요
A.
산 딸 기 가 ㅡ 조 롱 조 롱 ㅡ 익 고 있 ㅡ 어 요
산 딸 기 가 ㅡ 새 빨 갛 게 ㅡ 익 고 있 ㅡ 어 요
9

13
S.
부 처 님 께 공 ㅡ 양 올 ㅡ 릴 빨 강 산 ㅡ 딸 ㅡ 기
부 처 님 께 공 ㅡ 양 올 ㅡ 릴 맛 있 는 ㅡ 딸 ㅡ 기
A.
부 처 님 께 공 ㅡ 양 올 ㅡ 릴 빨 강 산 ㅡ 딸 ㅡ 기
부 처 님 께 공 ㅡ 양 올 ㅡ 릴 맛 있 는 ㅡ 딸 ㅡ 기
13

17
S.
청 설 모 도 ㅡ 다 람 쥐 도 ㅡ 보 고 갔 ㅡ 어 요
산 까 치 도 ㅡ 고 양 이 도 ㅡ 그 냥 갔 ㅡ 어 요
A.
청 설 모 도 ㅡ 다 람 쥐 도 ㅡ 보 고 갔 ㅡ 어 요
산 까 치 도 ㅡ 고 양 이 도 ㅡ 그 냥 갔 ㅡ 어 요
17

21
S.
자 연 사 랑 ㅡ 생 명 사 랑 ㅡ 부 처 님 ㅡ 말 씀
A.
자 연 사 랑 ㅡ 생 명 사 랑 ㅡ 부 처 님 ㅡ 말 씀
21

25
S.
1.
미 소 ㅡ 짓 는 미 륵 ㅡ 부 처 웃 고 계 ㅡ 셔 요
A.
미 소 ㅡ 짓 는 미 륵 ㅡ 부 처 웃 고 계 ㅡ 셔 요
25

29
2.
S.
웃 고 계 ㅡ 셔 요
A.
웃 고 계 ㅡ 셔 요
29

서원

산하 덕진스님 작사
김희남 작곡

9
S.
이 몸이 촛불 되어 기 꺼이 밝히오리다
반 야의 보살 되어 기 꺼이 건지오리다
A.
이 몸이 촛불 되어 기 꺼이 밝히오리다
반 야의 보살 되어 기 꺼이 건지오리다
9
13
S.
향 락에 배 인악취 지 식에 찌든냄ㅡ새
아 만과 질 투증오 깨 끗이 지ㅡ워ㅡ서
A.
향 락에 배 인악취 지 식에 찌든냄ㅡ새
아 만과 질 투증오 깨 끗이 지ㅡ워ㅡ서
13
17
S.
해 탈의 향 이되어 맑 히 오 리ㅡ다
자 비행 쉴 새없이 행 하 오 리ㅡ다
A.
해 탈의 향 이되어 맑 히 오 리ㅡ다
자 비행 쉴 새없이 행 하 오 리ㅡ다
17

S.
지 나간 모 진기억 다 가올 근심까ㅡ지
A.
지 나간 모 진기억 다 가올 근심까ㅡ지
S.
맑 고맑은물 이되어 씻 으 로리ㅡ다
A.
맑 고맑은물 이되어 씻 으 로리ㅡ다

어머님 교훈

산하 덕진스님 작사
강주현 작곡

13
S.
mf
녘 이 — 밝 아 오 면 — 밭 — 갈 고 김 매 면 서 근 면
사 람 — 아 — 프 면 — 밤 중 에 도 응 급 치 료 참 사
A.
mf
녘 이 — 밝 아 오 면 — 밭 — 갈 고 김 매 면 서 근 면
사 람 — 아 — 프 면 — 밤 중 에 도 응 급 치 료 참 사
13
17
S.
성 실 자 작 자 수 배 우 고 — 익 혔 어 — 요 책 보
랑 솔 선 수 — 범 몸 소 실 천 하 셨 어 — 요 안 팎
A.
성 실 자 작 자 수 배 우 고 — 익 혔 어 — 요 책 보
랑 솔 선 수 — 범 몸 소 실 천 하 셨 어 — 요 안 팎
17
mf
21
S.
mf
기 — 힘 겨 우 — 면 도 량 쓸 고 쇠 꼴 베 어 라 되 로
으 로 정 직 하 — 게 온 — 가 족 믿 음 주 — 고 언 제
A.
mf
기 — 힘 겨 우 — 면 도 량 쓸 고 쇠 꼴 베 어 라 되 로
으 로 정 직 하 — 게 온 — 가 족 믿 음 주 — 고 언 제
21

25
S.
글 배웠어 ㅡ 도 말로 글 써야 한 ㅡ 다 교과
나 당당하 ㅡ 게 헌 신 하 신 ㅡ 어 머 님 무량
A.
글 배웠어 ㅡ 도 말로 글 써야 한 ㅡ 다 교과
나 당당하 ㅡ 게 헌 신 하 신 ㅡ 어 머 님 무량
mf
29
1.
공 부 성 적 보 ㅡ 다 인 내 실 천 길 렀 어 ㅡ 요
으 로 크 신 교 ㅡ 훈 시 ㅡ
공 부 성 적 보 ㅡ 다 인 내 실 천 길 렀 어 ㅡ 요
으 로 크 신 교 ㅡ 훈 시 ㅡ
mp
33
2.
rit.
f
공 에 빛 나 네 ㅡ 요 시 ㅡ 공 에 빛 나 네 요
공 에 빛 나 네 ㅡ 요 시 ㅡ 공 에 빛 나 네 요

알아차려 행복하기

산하 덕진스님 작사
강주현 작곡

S.
mf
음 엔 미 워 하 는 독 ㅡ 화 살 분 ㅡ 노 도 있 다 명 석
음 엔 자 비 보 시 선 행 실 천 나 ㅡ 눔 도 있 다 성 실
M-S.
mf
음 엔 미 워 하 는 독 ㅡ 화 살 분 ㅡ 노 도 있 다 명 석
음 엔 자 비 보 시 선 행 실 천 나 ㅡ 눔 도 있 다 성 실
A.
mf
음 엔 미 워 하 는 독 ㅡ 화 살 분 ㅡ 노 도 있 다 명 석
음 엔 자 비 보 시 선 행 실 천 나 ㅡ 눔 도 있 다 성 실

S.
한 지 혜 ㅡ 있 고 캄 ㅡ 캄 한 우 치 도 있 다 상 ㅡ
하 게 실 행 하 는 부 ㅡ 지 런 함 쌓 여 있 고 느 릿
M-S.
한 지 혜 ㅡ 있 고 캄 ㅡ 캄 한 우 치 도 있 다 상 ㅡ
하 게 실 행 하 는 부 ㅡ 지 런 함 쌓 여 있 고 느 릿
A.
한 지 혜 ㅡ 있 고 캄 ㅡ 캄 한 우 치 도 있 다 상 ㅡ
하 게 실 행 하 는 부 ㅡ 지 런 함 쌓 여 있 고 느 릿
mf

S.
M-S.
A.
쾌 한 안 락 있 고 쓰 라 린 고 통 도 있 다 이 런
느 릿 행 동 하 는 게 으 름 도 들 어 있 다 이 ㅡ
mp

S.
M-S.
A.
생 각 저 런 감 정 인 연 따 라 일 ㅡ 어 나 ㅡ 니 일 어
모 든 마 음 들 은 상 황 따 라 변 ㅡ 화 하 ㅡ 니 일 어
mp

S.
M-S.
A.
나 는 생 각 마 다 알 아 차 려 다 ㅡ 스 리 ㅡ 면 언
나 는 생 각 마 다 알 아 차 려 다 ㅡ 스 리 ㅡ 면 언
나 는 생 각 마 다 알 아 차 려 다 ㅡ 스 리 ㅡ 면 언

S.
M-S.
A.
제 나 밝 은 얼 굴 모 두 가 행 복 일 세 알 ㅡ
제 나 밝 은 얼 굴 모 두 가 행 복 일 세 알 ㅡ
제 나 밝 은 얼 굴 모 두 가 행 복 일 세 알 ㅡ

33 — 1.

S. 아 차린 그마음 은 언 ㅡ 제 ㅡ 나 행 복 일 세

M-S. 아 차린 그마음 은 언 ㅡ 제 ㅡ 나 행 복 일 세

A. 아 차린 그마음 은 언 ㅡ 제 ㅡ 나 행 복 일 세

37 — 2.

S. 제 ㅡ 나 행 복 일 세 알 ㅡ 아 차린 그마음 은 언 ㅡ

M-S. 제 ㅡ 나 행 복 일 세 알 ㅡ 아 차린 그마음 은 언 ㅡ

A. 제 ㅡ 나 행 복 일 세 알 ㅡ 아 차린 그마음 은 언 ㅡ

41
S.
M-S.
A.
rit.
제 — 나 행 복 일 세
제 — 나 행 복 일 세
제 — 나 행 복 일 세
41
rit.

알찬 실속

산하 덕진스님 작사
강주현 작곡

9
S.
mp
과 배 감 참 외 토 마 토 — 나 — 란 히 앉 았 네 — 빨
M-S.
mp
과 배 감 참 외 토 마 토 — 나 — 란 히 앉 았 네 — 빨
A.
mp
과 배 감 참 외 토 마 토 — 나 — 란 히 앉 았 네 — 빨
9

13
S.
간 사 과 노 란 배 — 멋 진 참 외 가 하 는 말 — 우 —
M-S.
간 사 과 노 란 배 — 멋 진 참 외 가 하 는 말 — 우 —
A.
간 사 과 노 란 배 — 멋 진 참 외 가 하 는 말 — 우 —
13
mp

17
S.
M-S.
A.
mf
리 는한 철 만 ㅡ 제사 상 에오 르는데 ㅡ 쭈글
리 는한 철 만 ㅡ 제사 상 에오 르는데 ㅡ 쭈글
리 는한 철 만 ㅡ 제사 상 에오 르는데 ㅡ 쭈글

21
S.
M-S.
A.
f
mf
쭈글주름진 대추 야 ㅡ 희미 한 색 밤 톨 아 ㅡ 그 대
쭈글주름진 대추 야 ㅡ 희미 한 색 밤 톨 아 ㅡ 그 대
쭈글주름진 대추 야 ㅡ 희미 한 색 밤 톨 아 ㅡ 그 대

S.
들 은 왜 사 시 사 철 ㅡ 제 사 상 에 오 르는 가 ㅡ
M-S.
들 은 왜 사 시 사 철 ㅡ 제 사 상 에 오 르는 가 ㅡ
A.
들 은 왜 사 시 사 철 ㅡ 제 사 상 에 오 르는 가 ㅡ
f
mp

S.
mp
작
M-S.
mp
작
A.
mp
작

33
S.
은 몸 매 밤 대 추 가 — 당 당 하 게 하 는 말 — 펼 —
M-S.
은 몸 매 밤 대 추 가 — 당 당 하 게 하 는 말 — 펼 —
A.
은 몸 매 밤 대 추 가 — 당 당 하 게 하 는 말 — 펼 —
33
mp

37
S.
mp
펄 끓 는 열 탕 에 도 — 영 양 가 잘 지 키 서 고 — 꽁
M-S.
mp
펄 끓 는 열 탕 에 도 — 영 양 가 잘 지 키 서 고 — 꽁
A.
mp
펄 끓 는 열 탕 에 도 — 영 양 가 잘 지 키 서 고 — 꽁
37

41
S.
꽁 언추위에도 ㅡ 모 양 새잘 지켜서 ㅡ 사시
M-S.
꽁 언추위에도 ㅡ 모 양 새잘 지켜서 ㅡ 사시
A.
꽁 언추위에도 ㅡ 모 양 새잘 지켜서 ㅡ 사시
mp

45
S.
사 철한결같이 ㅡ 실ㅡ속 도알 차지요 ㅡ 우ㅡ
mf
M-S.
사 철한결같이 ㅡ 실ㅡ속 도알 차지요 ㅡ 우ㅡ
mf
A.
사 철한결같이 ㅡ 실ㅡ속 도알 차지요 ㅡ 우ㅡ
mf

49
S.
f
리모두겉치례만 ― 꾸미는 가돌아보자 ― 실―
M-S.
f
리모두겉치례만 ― 꾸미는 가돌아보자 ― 실―
A.
f
리모두겉치례만 ― 꾸미는 가돌아보자 ― 실―
49
mf

53
S.
속보람알 차 게 ― 채워가 나살 펴보자 ― 채워
M-S.
속보람알 차 게 ― 채워가 나살 펴보자 ― 채워
A.
속보람알 차 게 ― 채워가 나살 펴보자 ― 채워
53
f

57
S.
M-S.
A.
rit.
가 나 살 펴 보 자 ㅡ
가 나 살 펴 보 자 ㅡ
가 나 살 펴 보 자 ㅡ
57
rit.

언제나 기쁨

산하 덕진스님 작사
박이제 작곡

S.
M-S.
A.
mf
본 심을 보ㅡ아서 내자신 을다 시ㅡ보
본 심을 찾ㅡ으니 찌든번 뇌사 라ㅡㅡ
Hum Hum Hum Hum Hum Hum

S.
M-S.
A.
mp
니 ㅡ 근심고 뇌사ㅡ라지네 나의
지 고 맑은마 음여ㅡ여하네 지난
Hum Hum Hum Hum Hum Hum 나의
지난

13
S.
길 —너의 뜻 알— 아 서 로 인 연 에 순 응 하
일 — 다 가 올— 일 모 두 말 끔 히 씻 어 내
M-S.
A.
길 —너의 뜻 알 아 서 로 인 연 에 순 응 하
일 — 다 가 올 일 모 두 말 끔 히 씻 어 내
13
mp
legato Sempre

16
S.
mf
면 고 운 미 — 소 밝 은 얼 — 굴 언 제
고 인 연 따 — 라 살 아 가 — 리 언 제
M-S.
A.
mf
면 고 운 미 — 소 밝 은 얼 — 굴 언 제
고 인 연 따 — 라 살 아 가 — 리 언 제
16
mf

S.
나 ㅡ 기 쁨 일 세 왕 위 도 벗 어 놓 고 떠
나 ㅡ 기 쁨 일 세 향 락 과 고 행 다 ㅡ 이
M-S.
A.
M.Sop.
Alto
나 ㅡ 기 쁨 일 세 왕 위 도 벗 어 놓 고 떠
나 ㅡ 기 쁨 일 세 향 락 과 고 행 다 ㅡ 이
mf

S.
나 신 부 처 님 을 따 라 ㅡ 서 욕 망
기 신 부 처 님 을 따 라 ㅡ 서 번 뇌
M-S.
A.
나 신 부 처 님 을 따 라 ㅡ 서 욕 망
기 신 부 처 님 을 따 라 ㅡ 서 번 뇌
mf

25
S.
집 착벗 어ㅡ나 면 내ㅡ 맘 이 극 락이
망 상벗 어ㅡ나 면 내ㅡ 삶 이 평 안이
M-S.
A.
집 착벗 어ㅡ나 면 내ㅡ 맘 이 극 락이
망 상벗 어ㅡ나 면 내ㅡ 삶 이 평 안이
25

28
S.
To Coda
오 우리모두 웃 음 꽃ㅡ 피 ㅡ는 불 국
오 우리모두 행 복 한ㅡ 나 ㅡ날 불 국
M-S.
A.
To Coda
오 우리모두 웃 음 꽃ㅡ 피 ㅡ는 불 국
오 우리모두 행 복 한ㅡ 나 ㅡ날 불 국
28
To Coda

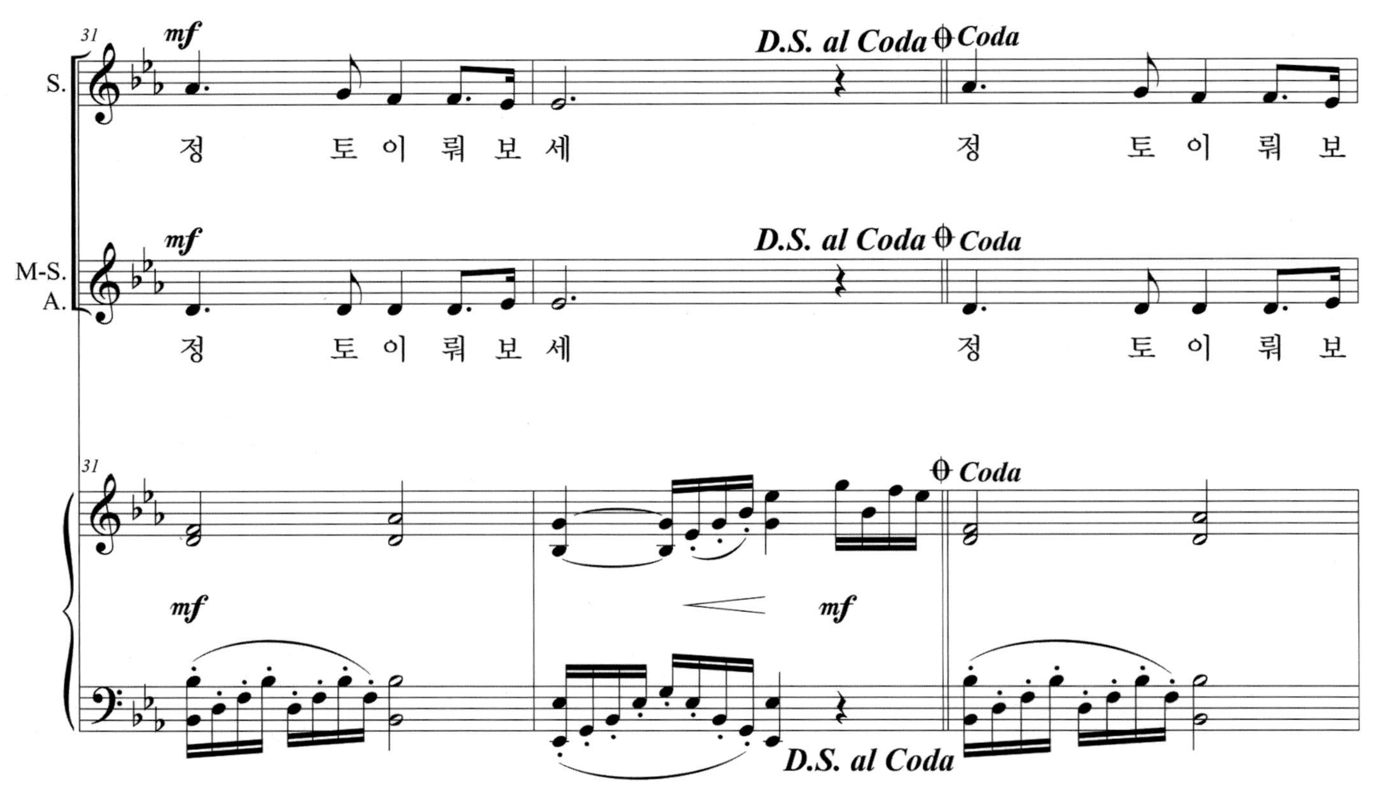
S.
M-S.
A.
mf
D.S. al Coda
Coda
정 토 이 뤄 보 세
정 토 이 뤄 보
D.S. al Coda

S.
M-S.
A.
rit.
세 불 국 정 ㅡ 토 이뤄 보 세
세 불 국 정 토 이뤄 보 세
f

여름날

산하 덕진스님 작사
최미선 작곡
강주현 편곡

S.
싱 그 러 움 듬 뿍 듬 뿍 담 아 주 세 요
애 ㅡ 정 의 샘 ㅡ 물 이 되 어 주 세 요
A.
싱 그 러 움 듬 뿍 듬 뿍 담 아 주 세 요
애 ㅡ 정 의 샘 ㅡ 물 이 되 어 주 세 요

S.
이 글 이 글 타 오 르 는 가 ㅡ 슴 ㅡ 에 ㅡ ㅡ ㅡ 다
고 ㅡ 된 일 짜 증 에 도 상 쾌 한 바 닷 바 람 되 어
A.
이 글 이 글 타 오 르 는 가 ㅡ 슴 ㅡ 에 ㅡ ㅡ ㅡ 다
고 ㅡ 된 일 짜 증 에 도 상 쾌 한 바 닷 바 람 되 어

S.
시 원 한 소 낙 비 쭈 욱 쭈 욱 내 려 주 세 요
파 도 를 헤 쳐가 며 달 ㅡ 려 ㅡ 오 ㅡ 세 ㅡ 요
A.
시 원 한 소 낙 비 쭈 욱 쭈 욱 내 려 주 세 요
파 도 를 헤 쳐가 며 달 ㅡ 려 ㅡ 오 ㅡ 세 ㅡ 요

S.
뙤 약 볕 엔 양 산 되 고 땀 흘 릴 땐 부 채 되 고
A.
뙤 약 볕 엔 양 산 되 고 땀 흘 릴 땐 부 채 되 고

25
S.
폭 풍 우 땐 비 옷까 지
1.
되 어드 리오 리 라
A.
폭 풍 우 땐 비 옷까 지
되 어드 리오 리 라
25

29
2.
S.
되 어드 리오 리 라
A.
되 어드 리오 리 라
29

여름 텃밭

산하 덕진스님 작사
한수현 작곡

밝고 명랑하게

맑은바람솔솔부는 여 름날 텃밭 에
맑은이슬송송맺은 여 름날 텃밭 에

13
연보라색가지꽃과 싱 그런 상추 잎
샛一노란호一박꽃 싱 그런 열무 잎
13

17
눈 맞추 며 노래 한다 무럭무럭자라 거 라
나 의염 원 듬뿍 받아 싱싱튼튼자라 거 라
17

21
방 울방 울 토마 토는 짤랑짤랑노래 하 고
노 랑노 랑 꿀참 외는 방긋방긋웃어 주 고
21

25
길쭉길쭉풋고추는 한들한들춤을 추 니
키ㅡ다리옥수수는 살랑살랑춤을 추 니
25

29
우리가족함박웃음 하하호호퍼져가ㅡ 네
우리가족함박웃음 하하호호퍼져가ㅡ 네
29

33
마 을사 람 박수 갈채 동네방네퍼져가ㅡ 네
33

염불마음 행복나날

산하 덕진스님 작사
강주현 작곡

9
S.
부처님만ㅡ 생각하 며ㅡ 가만가만ㅡ 찾아 보 자ㅡ
부처님께ㅡ 절올리 며ㅡ 간절하게ㅡ 찾아 보 자ㅡ
M-S.
부처님만ㅡ 생각하 며ㅡ 가만가만ㅡ 찾아 보 자ㅡ
부처님께ㅡ 절올리 며ㅡ 간절하게ㅡ 찾아 보 자ㅡ
A.
부처님만ㅡ 생각하 며ㅡ 가만가만ㅡ 찾아 보 자ㅡ
부처님께ㅡ 절올리 며ㅡ 간절하게ㅡ 찾아 보 자ㅡ
9

13
mf
S.
맑 은 마 음 뒤ㅡ덮은ㅡ 뭉 치 뭉 치 욕심덩이ㅡ
지 혜 마 음 흐려놓은ㅡ 캄 ㅡ 캄 한 어리석음ㅡ
mf
M-S.
맑 은 마 음 뒤ㅡ덮은ㅡ 뭉 치 뭉 치 욕심덩이ㅡ
지 혜 마 음 흐려놓은ㅡ 캄 ㅡ 캄 한 어리석음ㅡ
mf
A.
맑 은 마 음 뒤ㅡ덮은ㅡ 뭉 치 뭉 치 욕심덩이ㅡ
지 혜 마 음 흐려놓은ㅡ 캄 ㅡ 캄 한 어리석음ㅡ
13
mf

17
S.
편 한 마 음 뒤흔드는ㅡ 활활타는성냄불 꽃
자 비 마 음 가로막는ㅡ 울컥울컥미움원 망
M-S.
편 한 마 음 뒤흔드는ㅡ 활활타는성냄불 꽃
자 비 마 음 가로막는ㅡ 울컥울컥미움원 망
A.
편 한 마 음 뒤흔드는ㅡ 활활타는성냄불 꽃
자 비 마 음 가로막는ㅡ 울컥울컥미움원 망
17

21
S.
f
부처님 만 생각하 면 모두모두사라져 서
부처님 만 생각하 면 모두모두사라져 서
M-S.
f
부처님 만 생각하 면 모두모두사라져 서
부처님 만 생각하 면 모두모두사라져 서
A.
f
부처님 만 생각하 면 모두모두사라져 서
부처님 만 생각하 면 모두모두사라져 서
21
f

25
1.
S.
맑 고 고 운 마 음 되 어 나 날 마 다 행 복 해 요
자 비 지 혜 마 음 되 어
M-S.
맑 고 고 운 마 음 되 어 나 날 마 다 행 복 해 요
자 비 지 혜 마 음 되 어
A.
맑 고 고 운 마 음 되 어 나 날 마 다 행 복 해 요
자 비 지 혜 마 음 되 어
25

29
2.
S.
나 날 마 다 행 복 해 요
f
나 무 석 가 ㅡ 모 니 불
M-S.
나 날 마 다 행 복 해 요
f
나 무 석 가 ㅡ 모 니 불
A.
나 날 마 다 행 복 해 요
f
나 무 석 가 ㅡ 모 니 불
29
f

33
S.
나 무 석 가 ㅡ 모 니 불
나 무 시 아 ㅡ 본 ㅡ 사
석
M-S.
나 무 석 가 ㅡ 모 니 불
나 무 시 아 ㅡ 본 ㅡ 사
석
A.
나 무 석 가 ㅡ 모 니 불
나 무 시 아 ㅡ 본 ㅡ 사
석
33

37
rit.
S.
가 모 니 불
rit.
M-S.
가 모 니 불
rit.
A.
가 모 니 불
37
rit.

우리는 좋은 인연

산하 덕진스님 작사
강주현 작곡

13
S.
묻 지 ㅡ 마 세ㅡㅡㅡ 요 ㅡ
묻 지 ㅡ 마 세ㅡㅡㅡ 요 ㅡ
A.
묻 지 ㅡ 마 세ㅡㅡㅡ 요 ㅡ
묻 지 ㅡ 마 세ㅡㅡㅡ 요 ㅡ
13
17
S.
건 강 한 몸 편안한 마 음
하 는 일 에 전ㅡ념 하 고
A.
건 강 한 몸 편안한 마 음
하 는 일 에 전ㅡ념 하 고
17
21
S.
언 제 나 고 운ㅡ 미 소 환ㅡ한 얼 굴
일 마 다 불 만ㅡ 없 이 밝ㅡ은 모 습
A.
언 제 나 고 운ㅡ 미 소 환ㅡ한 얼 굴
일 마 다 불 만ㅡ 없 이 밝ㅡ은 모 습
21

25
S.
mf
가 나 오 나 생 각 하 고
자 나 깨 나 생 각 하 고
A.
mf
가 나 오 나 생 각 하 고
자 나 깨 나 생 각 하 고
25
mf
29
S.
존 중 배 려 한 다 — — 면 —
이 해 공 감 한 다 — — 면 —
A.
존 중 배 려 한 다 — — 면 —
이 해 공 감 한 다 — — 면 —
29
33
S.
우 리 — 는 좋 은 인 연
A.
우 리 — 는 좋 은 인 연
33

S.
A.
To Coda
D.C. al Coda
한결같이 사랑ㅡ해요 ㅡ
한 마ㅡ음 한결 같ㅡ이
날마다 행복ㅡ해ㅡㅡㅡ요 ㅡ

49
Coda
S.
요
—
Coda
A.
요
—
49
Coda

우리 좋아라

산하 덕진스님 작사
최미선 작곡
강주현 편곡

13
S.
산 이 푸 르 러 좋 아 라 ㅡ
A.
산 이 푸 르 러 좋 아 라 ㅡ
13
17
S.
그 대 마 음 내 마 음 이 ㅡ ㅡ
A.
그 대 마 음 내 마 음 이 ㅡ ㅡ
17
21
S.
서 로 통 해 더 욱 좋 아 라 ㅡ ㅡ
A.
서 로 통 해 더 욱 좋 아 라 ㅡ ㅡ
21

S.
A.
가 는 이 오 는 이 우 리 모 두
가 는 이 오 는 이 우 리 모 두
미 소 밝 아 좋 — 아 라 —
미 소 밝 아 좋 — 아 라 —
부 모 형 제 서 로 서 로 —
부 모 형 제 서 로 서 로 —

37
S.
사 랑 하 여 좋 아 라 ㅡ
A.
사 랑 하 여 좋 아 라 ㅡ
37
41
f
S.
정 을 주 고 정 을 받 고
f
A.
정 을 주 고 정 을 받 고
41
f
45
S.
인 정 넘 쳐 좋 아 라 ㅡ
A.
인 정 넘 쳐 좋 아 라 ㅡ
45

49
mf
S.
언 ― 제 나 어 디 서 나
mf
A.
언 ― 제 나 어 디 서 나
49
mf
53
S.
우 리 모 두 고 운 노 래 ―
A.
우 리 모 두 고 운 노 래 ―
53
57
S.
같 이 불 러 좋 아 라 ―
A.
같 이 불 러 좋 아 라 ―
57

운문사 소나무

산하 덕진스님 작사
최미선 작곡
강주현 편곡

S.
A.
사 계절ㅡ 몽글몽글ㅡ 사방으로자 라 요
사 계절ㅡ 몽글몽글ㅡ 사방으로자 라 요
자비롭고지혜로운 부처님이좋아 서 맑은눈빛합장하고 스님들이좋아서
자비롭고지혜로운 부처님이좋아 서 맑은눈빛합장하고 스님들이좋아서
염 불 독경 함 께 하고 싱 싱 몸 매 가 꾸며ㅡ
염 불 독경 함 께 하고 싱 싱 몸 매 가 꾸며ㅡ

21
S.
언 제 나 손 님 맞 이 터 지 킴 이 될 래 요 마 음 집 중 공 부 하 여 부 처 님 이 될 래 요
A.
언 제 나 손 님 맞 이 터 지 킴 이 될 래 요 마 음 집 중 공 부 하 여 부 처 님 이 될 래 요
21

육법공양(六法供養)

산하 덕진스님 작사
강주현 작곡

9
S.
벗어나서 맑은경ㅡ지 대ㅡ자유누리리ㅡ 다
버리고서 곱고바ㅡ른 착한행실하오리ㅡ 다
M-S.
벗어나서 맑은경ㅡ지 대ㅡ자유누리리ㅡ 다
버리고서 곱고바ㅡ른 착한행실하오리ㅡ 다
A.
벗어나서 맑은경ㅡ지 대ㅡ자유누리리ㅡ 다
버리고서 곱고바ㅡ른 착한행실하오리ㅡ 다
9

13
S.
mf
밝은등불지혜의 등 공양올려우치어ㅡ 둠
싱싱열매불심과 일 공양올려중생마ㅡ 음
M-S.
mf
밝은등불지혜의 등 공양올려우치어ㅡ 둠
싱싱열매불심과 일 공양올려중생마ㅡ 음
A.
mf
밝은등불지혜의 등 공양올려우치어ㅡ 둠
싱싱열매불심과 일 공양올려중생마ㅡ 음
13
mf

17
S.
사 라 져 ㅡ 서 지 혜 롭 ㅡ 게 밝은세상이ㅡ루리 다
벗 어 나 ㅡ 서 성 인 경 ㅡ 지 붓다마음되ㅡ오리 다
M-S.
사 라 져 ㅡ 서 지 혜 롭 ㅡ 게 밝은세상이ㅡ루리 다
벗 어 나 ㅡ 서 성 인 경 ㅡ 지 붓다마음되ㅡ오리 다
A.
사 라 져 ㅡ 서 지 혜 롭 ㅡ 게 밝은세상이ㅡ루리 다
벗 어 나 ㅡ 서 성 인 경 ㅡ 지 붓다마음되ㅡ오리 다
17

21
S.
mp
맑 ㅡ 은 차 감 로 다 ㅡ 로 공양올려갈증병ㅡ 고
좋 은 쌀 밥 선 ㅡ 열 ㅡ 미 공양올려잡념번ㅡ 뇌
M-S.
mp
맑 ㅡ 은 차 감 로 다 ㅡ 로 공양올려갈증병ㅡ 고
좋 은 쌀 밥 선 ㅡ 열 ㅡ 미 공양올려잡념번ㅡ 뇌
A.
mp
맑 ㅡ 은 차 감 로 다 ㅡ 로 공양올려갈증병ㅡ 고
좋 은 쌀 밥 선 ㅡ 열 ㅡ 미 공양올려잡념번ㅡ 뇌
21
mp

25
S.
벗 어 나 서 편 ㅡ 안 ㅡ 한 몸 과 마 음 되 렵 니 ㅡ 다
사 라 져 서 고 요 롭 ㅡ 고 안 락 하 게 되 렵 니 ㅡ 다
M-S.
벗 어 나 서 편 ㅡ 안 ㅡ 한 몸 과 마 음 되 렵 니 ㅡ 다
사 라 져 서 고 요 롭 ㅡ 고 안 락 하 게 되 렵 니 ㅡ 다
A.
벗 어 나 서 편 ㅡ 안 ㅡ 한 몸 과 마 음 되 렵 니 ㅡ 다
사 라 져 서 고 요 롭 ㅡ 고 안 락 하 게 되 렵 니 ㅡ 다
25

29
S.
f
온 세 상 에 항 ㅡ 상 계 신 부 처 님 과 가 르 침 과
M-S.
f
온 세 상 에 항 ㅡ 상 계 신 부 처 님 과 가 르 침 과
A.
f
온 세 상 에 항 ㅡ 상 계 신 부 처 님 과 가 르 침 과
29
f

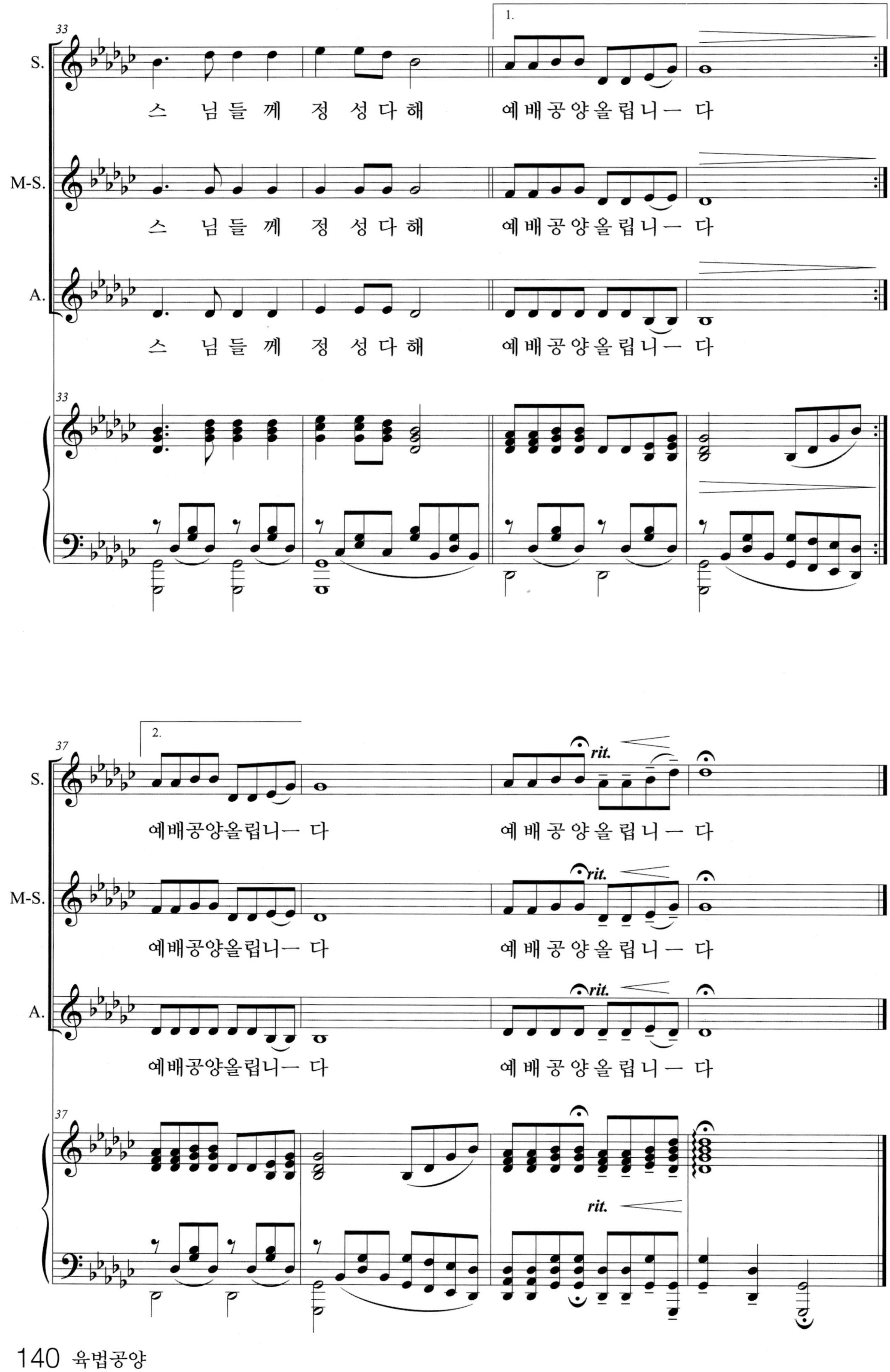

33

1.

S.

스 님들 께 정 성다해 예배공양올립니ㅡ 다

M-S.

스 님들 께 정 성다해 예배공양올립니ㅡ 다

A.

스 님들 께 정 성다해 예배공양올립니ㅡ 다

33

은월산 정토사

산하 덕진스님 작사
강주현 작곡

9
S.
황금빛밝 은 미 소로 이끌어주 시 고
M-S.
황금빛밝 은 미 소로 이끌어주 시 고
A.
황금빛밝 은 미 소로 이끌어주 시 고
9

13
S.
f
등 뒤엔울창 한 숲 청 청한— 기 운
M-S.
f
등 뒤엔울창 한 숲 청 청한— 기 운
A.
f
등 뒤엔울창 한 숲 청 청한— 기 운
13
f

17
S.
솔 솔바 람 이 성큼성큼ㅡ밀어준 다
M-S.
솔 솔바 람 이 성큼성큼ㅡ밀어준 다
A.
솔 솔바 람 이 성큼성큼ㅡ밀어준 다
17

21
S.
mp
욕 망집 착 찌 든번뇌 모 두다ㅡ씻어내 고
M-S.
mp
욕 망집 착 찌 든번뇌 모 두다ㅡ씻어내 고
A.
mp
욕 망집 착 찌 든번뇌 모 두다ㅡ씻어내 고
21
mp

mf
S.
좋 은나라ㅡ지혜봉 에
어 서 가 라 고
M-S.
좋 은나라ㅡ지혜봉 에
어 서 가 라 고
A.
좋 은나라ㅡ지혜봉 에
어 서 가 라 고

S.
매 암 맴 찌 르르 나 무 아미타 불
M-S.
매 암 맴 찌 르르 나 무 아미타 불
A.
매 암 맴 찌 르르 나 무 아미타 불

S.
땡 그랑 땡 ㅡ땡 나 무 아미타 불
M-S.
땡 그랑 땡 ㅡ땡 나 무 아미타 불
A.
땡 그랑 땡 ㅡ땡 나 무 아미타 불

S.
염불노래같이 불 러 왕생극락ㅡ함께한 다
M-S.
염불노래같이 불 러 왕생극락ㅡ함께한 다
A.
염불노래같이 불 러 왕생극락ㅡ함께한 다

41
S.
맑 은마음—고운세 상 —여기가 바 로 —극락일 세
M-S.
맑 은마음—고운세 상 —여기가 바 로 —극락일 세
A.
맑 은마음—고운세 상 —여기가 바 로 —극락일 세
41

45
S.
rit.
ff
집 착번뇌—벗어나 니 —여기가 바 로 —극락일 세
M-S.
rit.
ff
집 착번뇌—벗어나 니 —여기가 바 로 —극락일 세
A.
rit.
ff
집 착번뇌—벗어나 니 —여기가 바 로 —극락일 세
45
rit.
ff

정토사가(淨土寺歌)

산하 덕진스님 작사
박이제 작곡

9
S.
mf
mp
행 일 깨 우 면 부 처 님 길 행 복 세 상 자 — 비
워 신 행 하 고 인 연 따 라 마 음 닦 아 근 심 고
A.
mf
mp
행 일 깨 우 면 부 처 님 길 행 복 세 상 자 — 비
워 신 행 하 고 인 연 따 라 마 음 닦 아 근 심 고
9
mf
13
S.
복 덕 많 이 — 지 어 밝 은 소 원 이 루 는 절 모 든 번
통 사 라 지 — — 니 청 정 본 심 뚜 렷 하 네 온 — 국
A.
복 덕 많 이 — 지 어 밝 은 소 원 이 루 는 절 모 든 번
통 사 라 지 — — 니 청 정 본 심 뚜 렷 하 네 온 — 국
13
mp
17
S.
f
rit.
a tempo
mf
뇌 씻 어 — 내 며 현 세 안 락 내 세 극 락 지 심
민 슬 기 — 롭 게 편 안 하 게 화 합 번 영 온 —
A.
f
rit.
a tempo
mf
뇌 씻 어 — 내 며 현 세 안 락 내 세 극 락 지 심
민 슬 기 — 롭 게 편 안 하 게 화 합 번 영 온 —
17
f
rit.
a tempo

21
S.
1.
rit.
a tempo
발 원평 화세 상 지어 가 는정 토ー 사 부처
누 리불 국정 토 이뤄
A.
rit.
a tempo
발 원평 화세 상 지어 가 는정 토ー 사 부처
누 리불 국정 토 이뤄
mf
rit.
mp a tempo
25
2.
rit.
a tempo
가 는정 토ー 사
rit.
a tempo
가 는정 토ー 사
rit.
mp a tempo
mf
29
mp
한 반 도 동남 좋ー은 터 부ー
mp
한 반 도 동남 좋ー은 터 부ー
mp
p

S.
처 님가 호ー도 량 무량중 생 구 제하 는 불ー
A.
처 님가 호ー도 량 무량중 생 구 제하 는 불ー
mp
mf
S.
법 승민 고따 라 자ーー 기 마음 알아차 려 한 결
A.
법 승민 고따 라 자ーー 기 마음 알아차 려 한 결
mp
S.
같 이다스 러 서 억압재 난 사 라ー지 고 맑은
A.
같 이다스 러 서 억압재 난 사 라ー지 고 맑은
f

45
S.
rit.
a tempo
mf
마 음고 운나라 길이길 이안 락세 상 지어
A.
rit.
a tempo
mf
마 음고 운나라 길이길 이안 락세 상 지어
45
rit.
a tempo
mf
49
S.
rit.
f
가 는울산정토 사 지어 가 는울산정토 사
A.
rit.
f
가 는울산정토 사 지어 가 는울산정토 사
49
mp
mf
rit.
f

정토사가(淨土寺歌)

산하 덕진스님 작사
박이제 작곡

S.
A.
mf
mp
f
rit.
a tempo
행 일 깨우면 부처님 길 행복세상 자ㅡ비
워 신 행하고 인연따라 마음닦아 근심고
복 덕많 이ㅡ지어 밝은소 원이루는절 모든번
통 사라 지ㅡㅡ니 청정본 심뚜렷하네 온ㅡ국
뇌 씻 어ㅡ내며 현세안 락내 세극락 지심
민 슬 기ㅡ롭게 편안하 게화 합번영 온ㅡ

21
S.
A.
1.
rit.
a tempo
발 원평 화세 상 지어 가 는정 토ㅡ 사 부 처
누 리불 국정 토 이뤄
mf
mp
25
2.
가 는정 토ㅡ 사
29
한 반 도 동남 좋ㅡ은 터 부ㅡ
p

S.
처 님가 호ㅡ도 량 무 량 중 생 구 제 하 는 불ㅡ
A.
처 님가 호ㅡ도 량 무 량 중 생 구 제 하 는 불ㅡ
S.
법 승 민 고 따 라 자ㅡㅡ 기 마 음 알 아 차 려 한 결
A.
법 승 민 고 따 라 자ㅡㅡ 기 마 음 알 아 차 려 한 결
S.
같 이 다 스 려 서 억 압 재 난 사 라ㅡ지 고 맑 은
A.
같 이 다 스 려 서 억 압 재 난 사 라ㅡ지 고 맑 은

45
S.
rit.
a tempo
mf
마 음고 운나라 길이 길 이안 락세 상 지어
A.
rit.
a tempo
mf
마 음고 운나라 길이 길 이안 락세 상 지어
rit.
a tempo
mf
49
S.
rit.
f
가 는울산정토 사 지어 가 는울산정토 사
A.
rit.
f
가 는울산정토 사 지어 가 는울산정토 사
mp
mf
rit.
f

제주도 찬가

산하 덕진스님 작사
김희남 작곡

9
S.
황 금빛 유 채꽃이 방 긋 웃 는 봄
망 망한 푸 른바다 오 뚝 한 범 섬
A.
황 금빛 유 채꽃이 방 긋 웃 는 봄
망 망한 푸 른바다 오 뚝 한 범 섬
9
13
S.
해 녀의 물 장구는 여 름 철 이 네
드 넓은 보 리밭을 돌 담 이 감 싸고
A.
해 녀의 물 장구는 여 름 철 이 네
드 넓은 보 리밭을 돌 담 이 감 싸고
13
17
S.
길 섶의 황 금밀 감 가 을 이 로 세
천 지연 폭 포수 의 시 원 한 노 래
A.
길 섶의 황 금밀 감 가 을 이 로 세
천 지연 폭 포수 의 시 원 한 노 래
17

S.
아 이 ㅡ 진 풍 경 동 시 에 보 ㅡ 니
아 이 ㅡ 모 두 를 한 눈 에 보 ㅡ 니
A.
아 아 아 아 동 시 에 보 ㅡ 니
아 아 아 아 한 눈 에 보 ㅡ 니
S.
사 계 절 동 시 감 상 신 비 로 운 제 주 도
A.
사 계 절 동 시 감 상 신 비 로 운 제 주 도
S.
팔 도 강 산 함 께 모 인 보 배 로 운 제 주 도 아
A.
팔 도 강 산 함 께 모 인 보 배 로 운 제 주 도 아

토마토

산하 덕진스님 작사
최미선 작곡
강주현 편곡

9
S.
작은등불로 가ㅡ지마다 초롱초롱빛 난 다
A.
작은등불로 가ㅡ지마다 초롱초롱빛 난 다
9
sf
sf
13
f
S.
자비스런우리스님 안 녕하 세 요 푸른보석이라마음 정 갈하 구 나
f
A.
자비스런우리스님 안 녕하 세 요 푸른보석이라마음 정 갈하 구 나
13
f
17
S.
상 쾌한 인 사 로 아 침을 열고 나 날 이쓰 다듬 어 정 쏟아 두 면
A.
상 쾌한 인 사 로 아 침을 열고 나 날 이쓰 다듬 어 정 쏟아 두 면
17

21
mf
S.
빨 — 갛 — 게 익 은 사 — 랑 환 상 으 로 맛 을 맺 어
mf
A.
빨 — 갛 — 게 익 은 사 — 랑 환 상 으 로 맛 을 맺 어
21
mf
sf
sf
25
S.
절 — 식 — 구 입 — 속 으 로 향 기 가 편 — 다
A.
절 — 식 — 구 입 — 속 으 로 향 기 가 편 — 다
25
sf
sf
sf

태화강 십리대숲

산하 덕진스님 작사
김희남 작곡

9
S.
없 이 맑고밝 — 게 살 자 — 하 — 고
A.
없 이 맑고밝 — 게 살 자 — 하 — 고
9
13
S.
철 따라서 향기롭 — 게 피 는 꽃 은 —
A.
철 따라서 향기롭게피 는 꽃 은 —
13
17
S.
바램없 — 이 곱게곱 — 게 살 자 하 네
A.
바램없 — 이 곱게곱게 살 자 하 네
17

S.
자 유 간 ㅡ 격
줄 지어선
대
나 무ㅡ 는
A.
자 유 간 ㅡ 격
줄 지어선
대
나 무ㅡ 는
S.
사
견없이
곧 게곧게
살
ㅡ자
하
네
A.
사
견없이
곧 게곧게
살
ㅡ자
하
네
S.
A.

33
S.
계 절—마 다 싱 싱 ㅡ 하 게 푸 른 ㅡ 나 ㅡ 무 집 착
A.
계 절—마 다 싱 싱 ㅡ 하 게 푸 른 ㅡ 나 ㅡ 무 집 착
37
없 이 인 연 따 ㅡ 라 살 자 ㅡ 하 ㅡ 고
없 이 인 연 따 ㅡ 라 살 자 ㅡ 하 ㅡ 고
41
삶 의 열 기 식 혀 주 ㅡ 는 은 은 한 바 람
삶 의 열 기 식 혀 주 는 은 은 한 바 람

S.
걸 림 없 ㅡ 이
자 유 롭 ㅡ 게
살
자
하 고
A.
걸 림 없 ㅡ 이
자 유 롭 게 살
자
하 고
S.
부 름 없 ㅡ 는
대
숲 길 을
걷
는 사 ㅡ 람
A.
부 름 없 ㅡ 는
대
숲 길 을
걷
는 사 ㅡ 람
S.
나
날 마 다
행
복 하 게
살
ㅡ 자
하
네
A.
나
날 마 다
행
복 하 게
살
ㅡ 자
하
네

57
S.
나 날마다 행 복하게 살 ㅡ자 하 네
A.
나 날마다 행 복하게 살 ㅡ자 하 네
57
61
S.
A.
61

해탈경지 이르소서

산하 덕진스님 작사
김희남 작곡

S.
A.
서 로서로 의존하 는 홀로아닌인 연이 요
인 생살이 애착집 념 미련없이벗 어놓 고
서 로서로 의존하 는 홀로아닌인 연이 요
인 생살이 애착집 념 미련없이벗 어놓 고
인 연따 라 고 이고이 떠나시는영 가시 여
부 처님 의 인 도받아 부처님의손 을잡 고
인 연따 라 고 이고이 떠나시는영 가시 여
부 처님 의 인 도받아 부처님의손 을잡 고
님의육 신 인 연대로 생로병사지나갔어 요
가나오 나 자 유로운 해탈경지이ㅡ르소 서
님의육 신 인 연대로 생로병사지나갔어 요
가나오 나 자 유로운 해탈경지이ㅡ르소 서

S.
A.
나무아미타 불 나무아미타 불
나무아미타 불 나무아미타 불
rit...
나무아미타 불 나무아미타 불
rit...
나무아미타 불 나무아미타 불
rit...

우리는 좋은 인연

산하 덕진스님 작사

강주현 작곡

고향이 어디냐 소득이 얼마냐 묻지 마세요
건강한 몸 편안한 마음
언제나 고운 미소 환한 얼굴
가나오나 생각하고 존중 배려 한다면
우리는 좋은 인연 한결같이 사랑해요
한마음 한결같이 날마다 행복해요

어디에 사느냐 가족도 학력도 묻지 마세요
하는 일에 전념하고 일마다 불만없이 밝은 모습
자나깨나 생각하고 이해 공감 한다면
우리는 좋은 인연 한결같이 사랑해요
한마음 한결같이 날마다 행복해요

언제나 기쁨

산하 덕진스님 작사
강주현 작곡

지혜의 광명으로 청정 본심을 보아서
내 자신을 다시 보니 근심 고뇌 사라지네
나의 길 너의 뜻 알아 서로 인연에 순응하면
고운 미소 밝은 얼굴 언제나 기쁨일세
왕위도 벗어놓고 떠나신 부처님을 따라서
욕망 집착 벗어나면 내 맘이 극락이요
우리 모두 웃음꽃 피는 불국 정토 이뤄보세

한 생각 집중하여 본래 본심을 찾으니
찌든 번뇌 사라지고 맑은 마음 여여하네
지난 일 다가올 일 모두 말끔히 씻어내고
인연 따라 살아가리 언제나 기쁨일세
향락과 고행 다 이기신 부처님을 따라서
번뇌 망상 벗어나면 내 맘이 평안이오
우리 모두 행복한 나날 불국 정토 이뤄 보세
불국 정토 이뤄 보세

2022. 사단법인 한국불교청소년협회 대상 〈가사부문〉 수상작

山河 德眞(金鉉洙)스님

- 통도사 승려, 은사 중봉 성파(性坡)대종사,
  계사 노천 월하 대종사,
- 범어사 승가대학 졸업, 춘해대 사회복지과 졸업
  동국대 불교문화대학원 선서화과 전공 수료
- 부산 금화사 주지(1980~1983)
- 울산 보명사 주지(1983년, 1985년 2회)
- 대한불교조계종 조계종 정토사 창건, 주지(1988~현재)
- 1991년 육군 53사단 소속 향토예비군 법사단장
- 1995년 통도사 극락암 호국선원 하안거를 비롯,
  부산 기장 묘관음사 선원,
  감포 관음사 무문관,
  김해 근본불교 위빠사나 수행 선원 등 십여 안거 성만
- 대한불교어린이지도자연합회 회장(1999~2000)
- 노인무료급식소 '참좋은 세상' (2004년~현재) 설립 운영 중
- 울산남구종합사회복지관장 역임(2007~2010)
  사회복지법인 통도사자비원 이사
- 1992년 〈문학세계〉 등단 시인 / 2007년 〈한국수필〉 등단 수필가
- 울산광역시 조계종사암연합회장(2008~2015, 14~16대) 역임
- 사단법인 울산광역시 불교종단연합회 창립, 회장(2009~2014) 역임
- 정토불교대학 학장(1997~현재)
- 울산경찰청 경승실장(2001~현재)
- 사단법인 참좋은세상(장학 봉사 복지단체) 대표(2012~현재)
- 행복한평생교육원 원장(2016~현재)
- 학교법인 영축학원(부산 해동고) 이사
- 울산스윙스야구단(다문화 가족 청소년 야구단) 단장(2014~현재)
- 울산 정토사 회주

저서

- 『두 번째 화살을 맞지 말라』(수행 포교체험담, 1998년 4월) 외 산문집 4권
- 시집 『문 없는 문을 열고』 등 4권
- 『佛教千字文』 자전편·쓰기편, 『한중일영 불교천자문』, 『참회 발원 기도 행원참법』, 『우리 말 발원문 108선집』, 『우리 말 불교의식집』, 『부처님과 내마음 그리기』 〈읽고 쓰고 그리는 책〉 6권 외 불교서적 14종

음반

- 작사 음반 〈우리는 좋은 인연〉 작사곡 11곡 수록 CD, USB로 출시(2021)

전시회

- 개인 선서화전 (2022.6.18.~21, 울산 중구 문화의전당 전시실)
- 단체전 3회

상훈 및 공적 사항

- 2000년 조계종 포교대상 공로상 부문 수상
- 2009년 울산시장상 수상(문화예술상 문학부문)
- 2016년 국무총리상 수상(복지부분)
- 2022년 제18회 대한민국찬불가요 작사부문 대상(대한불교청소년문화진흥원)
- 군경 지원으로 받은 53사단장, 육군부사관학교장, 경찰청장 등 감사장(공로패) 20여 종

울산 정토사 ☏ **052-258-9944**
유튜브 YouTube **'울산 정토사'**
정토사 홈페이지 **www.jungtosa.com**

산하 덕진 악보집

고운소리 맑은세상

초판발행 | 2024년 11월 8일

지은이 • 덕진 스님
발행인 • 김 동 금
펴낸곳 • 우리출판사
서울시 서대문구 경기대로9길 62
전화 (02) 313-5047 팩스 (02) 393-9696

보급처 • 울산 정토사
울산시 남구 문수로 217번길 15(옥동)
전화 (052) 258-9944

등록 제9-139호
ISBN 978-89-7561-361-6

값 20,000원